AF295414

*Poemas Contados*

FSC
www.fsc.org
MIXTO
Papel procedente de
fuentes responsables
Paper from
responsible sources
FSC® C105338

*ENMA KENT*

# POEMAS CONTADOS

© *Enma Kent, 2023. 2º edición*

*Impresión y editorial: BoD – Books on Demand*

*info@bod.com.es - www.bod.com.es*

*Impreso en Alemania – Printed in Germany*

*ISBN: 9788411744997*

*Ilustración y diseño portada Elena y Natalia Pascual*

*Ilustraciones digitales interior Enma Kent*

*A Fernando, por estar y reinventarme*

*"Hay poesía en cuanto nos damos cuenta de que no poseemos nada."*
*John Cage*


*"La poesía es siempre un acto de paz."*
*Pablo Neruda*

# ÍNDICE

Allá por el 2004 quise volver a escribir. Desde pequeña lo hacía, aunque de esa época no guardo nada. Recuerdo que mis primeras redacciones en el cole las coleccionaba, hasta que, en un arrebato de preadolescente, las tiré junto a unas muñecas Nancy.

Luego tuve un novio poeta, que con el tiempo llegó a ser escritor cuando nuestras vidas ya no tenían nada que ver, pero reconozco que a mis 15 años afianzó mi interés por la escritura y la poesía. Me escribía poemas de amor y desamor que también guarde un tiempo, hasta que, en otro arrebato (esta vez de despecho), acabaron igualmente en una papelera.

Ahora me arrepiento de no haber conservado todo aquello, pero es lo que hay. Los sentimientos no entienden de razones y mucho menos de previsiones.

Y ahí empezó todo. Un día, poco después de esa ruptura del primer amor, (buen caldo de cultivo para que las musas llamen a tu puerta) me propuse guardar ya "en serio" lo que fuera escribiendo en una carpeta de aquellas azules de gomas.

Lástima que fue una etapa muy corta. Pronto vinieron estudios universitarios donde no usaba un bolígrafo sino era para coger apuntes, el matrimonio, las hijas. Cuando lo intentaba no había manera. Me encontraba ante un bloqueo total, sentía la necesidad de escribir, pero sin poder hilar una frase. A quien le haya ocurrido sabrá sin duda de lo que hablo. Y entonces, en el verano de 2004, decidí plasmar eso mismo en el siguiente poema:

*Dibujo a lápiz digital. Enma Kent*

# Bloqueo   17-7-2004

Si pudieran fluir en mi mente

las palabras

como antes.


Bloqueo


¿En el alma?

Quiero escribir de nuevo

Volver a navegar en un verso

Desahogar así sentimientos escondidos

muy dentro

Tal vez tanto···

Las tardes tranquilas de verano siempre me han inspirado. Tienen un "no sé qué" que hacen que la mente se relaje y fluyan las palabras. La poesía para mi es eso, dejarte fluir, sacar lo que está muy dentro, sin pensar mucho, solo sentir.

El poema que viene a continuación está escrito junto a la orilla del Mar Menor, en una de esas tardes de "calma chicha", como decimos por aquí. A veces, en los días de más calor, nos bajábamos a ver pescar a mi padre, con una silleta vieja, un bocadillo y una botella con agua fresca. Me sentía tan bien y tan relajada que decidí que nunca quería olvidar ese instante.

Con un bolígrafo escribí los primeros versos sobre unos tiques de compra que llevaba en un pequeño bolso playero.

Unos días más tarde tomaron forma, y fueron a parar a mi carpeta de cartón azul.

*Dibujo a lápiz digital. Enma Kent

## **Dejadme recordar**     **2-8-2005**

Dejadme recordar este momento

eternamente···


La luz dorada del atardecer

brilla en el mar,

inerte,

y una suave brisa

llega a la orilla,

...tan tenue
ı


Dos pequeñas gaviotas

bailan,

sobre una barca ajada

por el sol

y la sal.


El silencio, casi completo

inunda el horizonte,

y una extraña calma me invade.


Dejadme recordar este momento

eternamente...

Cuando tienes hijas o hijos adolescentes, o incluso preadolescentes, a veces estás tan perdida como ellas, o más. Es una etapa dura, y nunca sabes cómo hacerlo bien o qué estás haciendo mal.

Suele haber días difíciles, pero luego, con el paso de los años, hay que saber perdonarse, quedarse con lo bueno, y sobre todo quererse, quererse mucho y decirlo.

La siguiente poesía es de esa época, escrita con todo el sentimiento que una madre puede tener hacia sus hijas o hijos y que se siente casi tan acorralada como ellas en esos años de transición entre la niñez y la edad adulta.

*Dibujo a lápiz digital. Enma Kent

## Adolescencia   8-2-07

Este tiempo fugaz y pasajero,

en el que tus ojos tiemblan,

lacrimosos,

cuando todo te abruma

y se derrumba...


Estos años

de búsqueda encendida,

de amores y de grandes desengaños,

estos años

de canciones y de lágrimas,

siempre al viento

contenidas...

Pasarán, no en vano,

como eternos.

Pero cuando ya al fin

un día,

el recuerdo los añore,

sentirás que aquel tiempo,

sin embargo,

¡fue tan breve!

El primer amor, y el posterior desamor, siempre dejan huella.

A veces el subconsciente guarda esos recuerdos ahí, agazapados en algún lugar, y por lo que sea, una noche, el señor de los sueños va y te transporta muy atrás sin pedirte permiso.

Eso me inspiró para escribir unos versos que a veces repito de memoria, porque me gustan.

Ni que decir tiene que yo ya no sentía nada por aquel muchacho taciturno y melancólico que me enamoró a mis 15 años, ni lo había vuelto a ver, pero lo cierto es que en aquellos años fue intenso, y esas cosas marcan. Supongo que no seré la primera ni la última a la que le ocurra, y quien diga lo contrario, miente.

Y es que, de "cuando en cuando", como digo en una estrofa, él aparecía de pronto en la profunda fase Rem. Era de esos sueños que, cuando despiertas, te dejan un cuerpo extraño, un sabor entre amargo y dulce, entre añoranza y olvido, entre el todo y la nada.

*Dibujo a lápiz digital. Enma Kent

**Todavía    14-5-07**

27

Todavía apareces en mis

sueños,

de cuando en cuando···


Así,

tal como eras entonces,

tu imagen se aferra a mi mente,

y no quiero despertar.


Quiero seguir soñándote.

Volver a esos días,

tan lejanos ya.

Volver a pasear de la mano

entre cuentos de lobos...,

y a dibujarte

con tinta

corazones sangrientos.


A buscarnos, cómplices,

bajo el amparo

negro

de las noches sin luna...,

y luego dormir

con tu foto en mi pecho,

eterno secreto...

melancolía del alba.

Al fin,

como vienes, te vas,

y un sentimiento agridulce

me invade.

Te quise tanto...

Hay veranos en los que la sequía y las olas de calor se hacen notar y mucho. Ya entonces, aunque mucho más ahora.  Pero si escribí sobre ello, seguro que fue un verano muy tórrido.

Recuerdo que las siestas se hacían interminables, solamente interrumpidas por las chicharras a todo cantar, y por el sonido de alguna moto o coche sobre el asfalto de la carretera próxima.

Mi habitación tiene dos ventanas, una da al levante, al Mar Menor, en Los Urrutias, y otra a poniente, al Monte Carmolí, donde hay un paisaje de campo con flora mediterránea autóctona. Hinojales, romero, tomillo, y alguna palmera que otra…

Así nacieron los dos siguientes poemas, contemplando el paisaje, entre ventiladores y vasos de agua fría, y pocas posibilidades de dormir.

Reseñar que el segundo lo había perdido, y lo recuperé tras escribir a mi buen amigo y escritor Francisco Javier Hidalgo Prado, al que estaré eternamente agradecida por guardarlo.

*Dibujo a lápiz digital. Enma Kent

*Carmolí 29-06-2009*

En el ocaso duerme

bajo nubes de ocre.


Silueta negra de mujer

parece,

recostada fiel

sobre campo

yermo.


Quizás mañana lloverá

sobre su seno...


Y volverá a surgir la vida

en sus caderas,

flores de carmín

entre palmeras.

34


Oh monte Carmolí,

volcán dormido,

¡te soñé feliz

mil primaveras!

**Estío   23-7-07**

Estos días de estío

y desencanto,

de horas vacuas a la sombra

y agua fresca···


El sol golpea implacable

el yerto valle,

que ayer fue vergel

entusiasmado·


Y azota el viento cálido

la tierra ajada,

que acoge algún romero

extraviado,

- ¡héroe entre hinojos

y ortigales! -,

que crecen a su antojo

a ras del suelo...


Ya no veo amapolas,

ni violetas,

ni amarillas margaritas,

entre verdes y alegres

pastizales·


Solo tierra yerma

que espera,

vencida y febril,

la primavera·

Las relaciones tienen un punto de no retorno, y sabes que nada puede volver a arreglar algo que no existe ya. Si llega ese momento, no puedes hacer nada por evitarlo, y duele, duele mucho.

Andaba yo inspirada una noche de finales de invierno, cuando entre la niebla paseaba un hombre solitario, con la cabeza baja, y las manos en los bolsillos, cabizbajo.

Lo que representaba aquel hombre desconocido, aquella escena que me impactó y quedó grabada en mi mente, era mucho más de lo que había visto.

Comprendí y aterricé en la realidad más cruda que nunca hubiera podido imaginar por entonces. Los dos poemas que vienen a continuación corresponden a esa época.

*Dibujo a lápiz digital. Enma Kent

# Huida   23-2-08

Huía cobarde el invierno,

como huye un tren

hacia la nada···,

y te ibas,

sin remedio,

en línea recta·


A la deriva,

mi sombra proyectada,

me delataba inerte

entre la bruma,


En la piel callada

de mi exilio,

aún sentía tu última caricia,

...tan fría como el invierno,

huidiza,

como un tren hacia la nada.

### Algo muerto   15-4-08

Desperté del letargo una tarde,

cuando ya no te amaba.

Murió la dulzura una tarde,

cuando ya no te amaba.


Sutiles noches de raso y encaje···

se perdían sin sentido,

distantes.

Esperaba tu abrazo

en cada sueño,

aferrada, sin aire,

a algo muerto.

Y ya al alba, una lágrima

cantaba,

la canción de un adiós

sin argumento:


Recordaba tiempo atrás,

en su locura···,

cuando mi alma casi niña y entregada,

se subía sonriendo,

a su cintura,

y buscaba sin querer aquellos labios,

que extasiados me bebieron

trago a trago·


Desperté del letargo una tarde,

cuando ya no te amaba·

Se acercaba el verano del 2008, y el Mar Menor llevaba ya algunos bastante contaminado. Se veía espuma fea en las orillas, una espuma que no era la de las olas, sino otra muy distinta, marrón y maloliente. Esa suciedad inundaba ya las orillas de Los Urrutias y los Nietos, y la zona de la desembocadura de la rambla del Albujón, donde estaba el camping Cartagonova. Como no afectaba a más playas, hicieron poco caso, y ahí seguimos, años y años, viendo cada verano más y más trozos afectados.

Hoy, en pleno 2022, al recopilar estos poemas, me encontré con éste que viene a continuación, que ya anunciaba lo que en la actualidad se ha convertido este mar... Sorprende y enfada a la vez pensar los años que lleva este desastre ecológico anunciándose, viéndose venir.

Es muy breve y sencillo, pero recuerdo perfectamente la tristeza con la que lo escribí. Aún peor me siento hoy, al comprobar que con el paso de los años nadie hizo nada para detener este final.

*Dibujo a lápiz digital. Enma Kent*

# La Laguna Negra   9-5-2008

El tiempo te hizo muerte,

y el Hombre.

Tu agua serena

se volvió oscura,

y la vida en tu seno,

dejó de ser vida...

La brisa ya no era brisa,

sino viento desatado,

y tu orilla,

antaño fina y clara,

es ahora

barrizal desconsolado...

El tiempo te hizo muerte,

y el Hombre.

Tras las rupturas sentimentales, tras una separación, siempre hay un periodo de duelo, de desengaño, de tristeza, de meditar, de pensar en los errores, a veces de culpabilizarte, otras de querer volver atrás. Pero no se puede.

Me pasaba horas buscando trabajo, volviendo a aprender a conducir, reinventándome a fuerza de golpes, apoyándome en mis hijas y mi familia.

Después, poco a poco, sientes que todo tiene que volver a la normalidad, que aún existes, que aún puedes ser feliz.

Los tres poemas que vienen a continuación son de ese periodo solitario, retazos de una etapa agria, pero sanadora al mismo tiempo, donde después encontré personas que me ayudaron, me marcaron, y me volvieron a la vida con mayúsculas.

*Fotografía en esbozo digital. Enma Kent*

## Como el mar   21-1-09

Respiras como el mar,

-me dices-,

y me transportas

hacia un mundo soñado,

donde habitan las almas libres,

donde me diluyo en ti,

y tú en mí···

Donde nadie es nadie,

donde el tiempo detenido,

es ahora tu aliado,

y donde mi sonrisa

es ya eterna·

¡Acaso fuera el Mar

ese lugar!

Recuerdo a cada instante

esas palabras,

jamás antes concebidas·

Recuerdo el gesto,

la mirada clavada,

la mano cercana·


Recuerdo mi cuerpo

enervado,

henchido de placer

incontrolado,

para caer después,

atormentado·

Volveré sobre el camino

yerto,

recogeré los trozos

que de mi ilusión

quedaron...,

pero ya jamás seré la misma,

pues palabras tan dulces

me marcaron.

## Marzo en calma    29-3-09

Fue por marzo, aquella tarde,

primavera.

Mar y cielo, brillo en plata···

calma plena.

En la playa se alejaba

un triste barco,

y ya el tiempo se paraba

a nuestro lado.

Descubrimos la caricia

que acercaba nuestras manos.

Con inmensa sencillez

nos aturdía.

Tu notabas mi placer,

me sonreías.

Y no era nada,

y lo era todo.

Algo nuestro en ese instante,

siendo libres,

por el resto···

Sin promesas, sin palabras,

solo bello.

No hubo más

que un primer beso,

dulce y tierno.


(A Jack Sparrow, in memoriam)

En pleno verano de 2009, inmersa en los cambios emocionales que los últimos meses me había tocado vivir, andaba yo especialmente sensible aquel año.

Una noche de agosto de luna llena, en uno de esos paseos solitarios por la playa, me llamó la atención una enorme gaviota que se había posado en una barca abandonada de madera.

Yo me acercaba cada vez más hacia donde estaba, pero no parecía asustarle. Entonces me di cuenta de que tenía un ala rota, y la otra algo perjudicada también. Miraba fijamente al horizonte, y no me veía, o no le importaba.

Cuando faltaban tres o cuatro metros, se alzó intentando volar, a trompicones, pero se alejó.

Me afectó sobremanera, y al llegar a mi casa, como muchas otras veces, cogí lápiz y papel y escribí.

*Dibujo a lápiz digital. Enma Kent*

# Herida y libre    16-8-2009

Miraba una gaviota el mar,

y su lamento.

Confundía olas y sal,

el Universo.


No entendió la soledad

de aquel momento,

y miraba al horizonte,

allá, muy lejos.


Regalaba libertad,

y alzaba el vuelo.

Un ala destrozada.

la otra con fuego.

Quiso escapar una noche

a tal tormento,

y se dejó llevar

inerte,

por el viento···


Abrazándose a quimeras,

desconciertos,

fuera de sí

volaba,

¡apenas tiempo!


Quería besar la luna

aún sin aliento...

El estío llegaba a su fin, y el otoño llamaba a la puerta aquel verano de 2009. Cuando escribí el siguiente poema llamado "Adiós", nos volvíamos a la ciudad.

En la actualidad alargamos la estancia todo lo que podemos, nos quedamos más tiempo. Si algo he aprendido desde la pandemia, es a valorar más a los pueblos, a los lugares al aire libre, donde se puede disfrutar más de la naturaleza.

Pero entonces, por aquellos años, no era sí. No quedaba más remedio que cambiar los cielos abiertos por el paisaje urbano, con sus edificios, sus ruidos y su contaminación. Sustituir los amaneceres viendo el sol salir del mar tras la isla Perdiguera, por tomar un café corriendo en la cocina, o en el balcón, como mucho. O por las noches, dormirse con todo cerrado, en lugar de hacerlo con las ventanas abiertas al fresco, escuchando las olas y oliendo a los jazmines del huerto. Y costaba hacerse a la idea, ¡vaya si costaba!

Desde niña, por estas fechas ya me entraba esa especie de melancolía mezclada con la ilusión de volver al colegio. Y tengo que decir que me sigue ocurriendo.

*Dibujo a lápiz digital. Enma Kent*

# Adiós 7-9-2009

Pronto dejaré esta luz

para marchar.

Dejaré esta brisa,

a veces tenue,

a veces viento,

dejaré este mar.


Quedarán atrás las madrugadas,

y las largas tardes,

cuando el sol cae,

tan bellas····

Quedará atrás la estela de la luna,

compañera fiel,

del paseo nocturno,

por la orilla.


Dejaré este olor a agua salada,

que trae el levante

enfurecido,

y la gama de azules y dorados

quedarán en mi retina,

sin olvido.


¡Adiós olas y mar!

Adiós, mis gaviotas,

adiós.

Cuando la vida te da una segunda oportunidad, tienes que aprovecharla. Y eso hice yo. Los cinco poemas que vienen a continuación reflejan bien ese cambio de 180º que aconteció en mi vida en un momento dado.

Después de las rupturas, siempre hay un periodo de reflexión. De una u otra forma, maduras, ya que cuando pasas momentos difíciles es cuando sale ese yo interior que te hace reflexionar.

Luego te sientes más fuerte, y en realidad, es que lo eres. Empecé a estar mucho más segura de mí misma, consciente de lo que había pasado, y lo mejor, sin rencores y sin miedo. En todo ello tuvo mucho que ver una persona, a la que va dedicado este pequeño poemario.

Los agrupé en una pequeña saga llamada "Penúltimos versos de amor", y son eso exactamente. Nuevas experiencias, "renaceres", sensaciones y sentimientos que ya ni recordaba.

Están fechados entre el 2010 y el 2011, y he de decir, que después de ellos, hubo un nuevo periodo yermo, hasta 2015, que volví a escribir. Pero esa, ya es otra historia.

*Dibujo a lápiz digital. Enma Kent

**Penúltimos versos de amor I**

Imaginé tu gesto,

en las dulces horas previas,

cuando los ojos buscan

intrépidos,

y el tiempo se hace eterno.


Imaginé tus silencios,

cuando miras a la nada

en las tardes grises

de estériles horizontes,

de lejanos destinos.

Imaginé tus manos trémulas,

descubriendo,

astutas,

deshabitadas islas.

Paraísos de blancas arenas,

en vírgenes pieles

···efímeras·


Me imaginé contigo, al fin,

en la primavera alegre

de unos días de abril,

en floridas sendas de cielos azules,

brisa fresca salada,

y el mar····

Lucía el sol,

y volvías a sonreír·

**Penúltimos versos de amor II**


Quiero reencontrarme,

anidar y desnudarme.

Abrir las puertas herrumbrosas de mi alma,

despertarme,

amanecerme,

y conquistarme.


Quiero andar caminos

sin perderme.

Llegar, descubrir el horizonte

y abrazarme.

Encontrar la mano en que abrigarme,

disfrutar sin miedos,

ser libre,

amar y enamorarme.

Quiero borrar años de olvido,

y olvidarme.

Quiero gozar,

sorprender

y sorprenderme.

Y al fin vibrar, y sonreír, y concluirme.

Y en las blancas olas

de la mar,

mecerme,

hasta dormirme.

### Penúltimos versos de amor III

En las horas vacuas, de insomnes avatares,

canto a veces,

esquiva,

-y sin desprecio-,

poemas cortos de amores inconclusos,

canciones breves,

que una vez murieron·


Tiemblo incauta

en madrugadas,

advirtiendo soledades ya en el alba,

y cerrando el alma a puertas

herrumbrosas,

consigo al fin soñar

algunas causas:


Distingo, a mi pesar,

aquellos días,

cuando de niña sonreía

al dulce antojo.

Y anida un sentimiento

extraño,

casi amargo···,

amalgama de placer

y desencanto.


¿Volverá tal vez

alguna lágrima,

a cantar conmigo

tierno canto?

¿O vendrán sonrisas

Compartidas,

tras los labios de un poeta

ya olvidado?


Esperaré tranquila

al otro lado.

Sin prisa y sin rencor,

el campo arado.

Ya no juzgo al tiempo,

mi destino

está marcado.

### Penúltimos versos de amor IV


Despierta el alma inquieta,

y se abandona···

Te recuerda conversando sinsabores,

amarguras, gratos días·

Confidencias escondidas,

arrebatos de placer

y compañía·


Despierta el cuerpo incauto

y se abandona,

después de un tiempo inerte,

adormecido·

Y sueña abrazos, risas,

dulces besos,

retazos de ilusión

aún con su miedo.


Imagina en tu mirada

mi deseo,

que aguardaba la dulzura

de un "te quiero"


Te esperé una noche,

como se espera la lluvia,

como se espera el viento

cálido de mayo…

Te esperé y estabas.

Aún hay tiempo…

**Penúltimos versos de amor V**

75

Ya eres canción

de un dilema sin causa,

prefiriendo quedarme

perpleja,

inerme,

ante el calor de tu mirada.


Huyo indolente

en caminos perdidos.

Pero retorno al fin...

Vuelvo al ti,

y solo encuentro ternura,

ternura infinita.

Permanezco tranquila,

y a la vez

me confundes,

bohemia,

en el inmenso espacio.


Extraña sensación

etérea

de certezas.

Futuro incierto

y palpitante,

a ritmo de sueños

y sonrisas.


Ya eres música.

ÍNDICE

81

Encarna María D. Manzanares (Enma Kent) nace en Cartagena, aunque a los dos meses su familia se traslada a Alicante, donde vivió toda su infancia y adolescencia. Estudió Historia Antigua, Periodismo Digital y Fotoperiodismo Social.

Redactora, creadora de contenidos y bloguera desde 2007, actualmente trabaja en El Digital Cartagena.

Autora de "Aquellos días sin besos", este poemario es su segunda obra.


"Apasionada de la vida y la naturaleza, de mirar y observar. Me gusta la fotografía y cualquier forma de expresión artística, el cine clásico, las novelas con intriga, viajar sin rumbo, las charlas en cafés con encanto, y los largos paseos nocturnos con luces de ciudad. Mis dos perros y experimentar en la cocina o en el jardín completan el círculo"